AF357924

SAINT YVES

(FÊTE LE 19 MAI)

PAR

JOSEPH D'AVENEL

Vous accueillerez favorablement la demande de l'évêque de Saint-Brieuc, qui désire voir s'étendre à la France entière le culte de saint Yves.

(Paroles de Léon XIII au cardinal Bartolini.)

RENNES

IMPRIMERIE DE CH. CATEL & Cie

rue Leperdit, 2 bis.

1887

SAINT YVES

—

Le 17 octobre 1253 naissait à Kermartin, petit manoir peu éloigné de Tréguier, celui qui devait être un jour le patron de la Bretagne.

Comme Newton, qui trouva le système du monde en y pensant sans cesse, Yves, dès sa plus tendre enfance, n'eut qu'une pensée : être un saint.

Devenu, après de brillantes études, official de Rennes, puis de Tréguier, il s'appliqua à concilier les plaideurs qui se présentaient devant son tribunal. Lui fallait-il prononcer une sentence, il songeait à Celui qui, un jour, nous jugera tous. Si donc Cambyse, comme on l'assure, fit écorcher un juge qui avait forfait à son devoir et recouvrir de la peau du prévaricateur le siège qu'il avait occupé, les bons exemples n'étant pas moins utiles que les mauvais, celui de saint Yves, bien mieux que ce qui fut une portion de son enveloppe matérielle, doit fortifier l'amour de la justice chez ceux qui ont l'honneur d'en être les ministres.

Pendant un voyage qu'il fit à Tours, il y défendit une veuve qui tenait une hôtellerie dans cette ville.

Deux soi-disant marchands avaient confié à cette femme un sac dont ils lui avaient enjoint de ne se dessaisir que si tous les deux venaient le réclamer en même temps.

Trop peu défiante, la veuve le remit néanmoins à l'un des deux escrocs. L'autre bientôt la traduisit pour ce fait devant le tribunal du bailli. Le sac, alléguait-il, contenait deux cents pistoles, et c'était, selon lui, à la dépositaire d'en répondre.

Saint Yves comparut pour elle à la barre du juge :

— Que votre compagnon se présente, dit-il au voleur, nous ferons droit à votre réclamation; mais le sac, c'est vous même qui le soutenez, ne peut être rendu que si vous êtes deux à le redemander en même temps.

Cette histoire, nous dit Loisel (1), ne mérite-t-elle pas être racontée et notre bon saint Yves canonisé; et, en effet, peu d'avocats, ainsi que le remarque Pasquier, se fussent avisés d'un si prompt remède pour sauver la simplicité et l'innocence de cette femme.

Démosthènes, dans un cas tout pareil, avait employé le même moyen de défense (2); mais se souvenir à propos, à supposer que saint Yves n'eût fait ici que se souvenir, a bien aussi son prix.

Quoi qu'il en soit, saint Yves, vous le voyez, savait échanger au besoin la robe du juge pour celle de l'avocat.

Rien n'égalait sa charité. On raconte d'un patriarche d'Alexandrie, saint Jean, dont le surnom eût pu justement être appliqué à saint Yves (3), qu'il ne put dormir sous une couverture dont on lui avait fait don, tour-

(1) Dialogue des avocats du Parlement de Paris.
(2) Hæc dicta est lex ne pecunia alteri sine altero numeretur.   VALÈRE MAXIME.
(3) Saint Jean l'Aumônier.

menté par la pensée de tant de pauvres qui en ce moment peut-être grelottaient de froid sur leur misérable couche.

Ces préoccupations d'un cœur compatissant étaient aussi celles de saint Yves. Trouvant un matin à sa porte un pauvre qui y avait passé la nuit, il alla tout attristé se coucher à sa place.

Vous connaissez ce trait du sénateur Pierre qui, las des importunités d'un pauvre, lui jeta un pain dans son impatience. Si mal donné qu'il eût été, ce pain lui fut, toutefois, compté par Dieu; mais quel contraste entre cette charité égoïste et la charité d'Yves, qui ne voulait pour sa table qu'un pain de seigle, d'orge et d'avoine, avec quelques légumes.

En 1288, il se démit de sa charge d'official et passa cinq ans après de la cure de Tredrez à celle de Lohannec. Vêtir ceux qui étaient nus, nourrir ceux qui avaient faim fut, dans l'une comme dans l'autre, le premier de ses soins.

Il savait que

« Le pauvre est comme nous fils du grand héritage. »

Aussi, voyant des frères dans tous les déshérités de ce monde, il les faisait asseoir à sa table aux grandes fêtes de l'année.

Le lundi de l'an 1300, deux femmes de Lemmeur, se rendant en pèlerinage aux basiliques des sept saints de Bretagne, l'accostèrent sur la route.

— Prenez pitié de moi! leur cria un malheureux.

N'ayant rien dans sa bourse et ne pouvant, loin de son presbytère, se dépouiller de sa soutane, comme il l'avait fait un jour en faveur d'un indigent, il donna au pauvre son chaperon.

A quelques pas de là, les deux femmes poussèrent un cri de surprise : le chaperon donné par Yves tout-à-l'heure couvrait encore sa tête. Pour lui, il s'agenouilla dans la poussière, rendit grâces à Dieu de son présent, et se tournant vers les témoins du prodige :

— Faisons le bien, leur dit-il, Dieu saura bien nous le rendre.

La philosophie des anciens leur défendait de dépasser dans les bienfaits une certaine mesure (1); la charité chrétienne, en faisant le bien, ne connaît guère de mesure.

(1) Sénèque, *De beneficiis*.

Si, de nos jours, le blé s'est multiplié miraculeusement en faveur du saint curé d'Ars, ce miracle a son précédent dans la vie que nous racontons. Le grain manquant un jour chez saint Yves : Il y en aura toujours assez, dit le saint, si Dieu daigne y pourvoir.

Quelques instants après, en effet, le coffre qui était vide se trouva plein jusqu'aux bords.

— Ne vous attristez point de votre pauvreté, disait-il aux indigents; aimez Dieu, et que ce soit votre richesse de l'aimer.

Il priait comme d'autres respirent; la nuit, il se couchait sur une natte recouverte d'un peu de paille, ou sur la pierre d'un tombeau où il se faisait un oreiller de sa bible. Sous sa tunique il portait un cilice, et ce vêtement de pénitence il le légua en mourant à un pieux ermite de la Roche-Derrien, comme saint Antoine autrefois avait légué son manteau à l'illustre évêque Athanase.

Ne nous étonnons pas que les prédications du curé de Lohannec, fortifiées par ses exemples, trouvassent le chemin des cœurs, que les foules avides le suivissent de paroisse en paroisse pour recueillir sa parole.

Dans les derniers jours du mois de mars 1303, il dit à la dame de Pestivien :

— Je sens à ma faiblesse que le moment n'est pas éloigné où Dieu me retirera du monde; mais la mort étant pour moi un grand bienfait du ciel, elle n'a rien qui m'effraie.

Forcé de se mettre au lit, il voulut garder ses souliers. Vous eussiez dit un voyageur qui, près d'atteindre le terme de sa course, se repose un instant; et quand il s'endormit de son heureux et dernier sommeil, on eût pu croire au sourire qui éclairait son visage qu'une vision céleste était venue le visiter.

Une foule immense voulut suivre son convoi. C'était à qui imprimerait ses lèvres sur les pieds de celui qui avait marché constamment dans les sentiers de la justice.

Charles de Blois et Jean de Montfort rivalisèrent de zèle pour hâter sa canonisation, et Du Guesclin, dont le nom comme cri de guerre devait bientôt se mêler au sien, ordonna par son testament qu'un pèlerin fût envoyé en *véage* à saint Yves de Bretagne.

Captif des Penthièvre, qui avaient entrepris de venger sur le fils de Jean IV la trahison dont ce dernier s'était rendu coupable envers leur aïeul, Jean V (1) promit son pesant d'argent à saint Yves s'il lui obtenait sa liberté.

A peine sorti de prison, il n'eut rien de plus à cœur que de tenir sa promesse : il fit donc construire une chapelle splendide dans la cathédrale de Tréguier, et voulut que sa dépouille y reposât à côté de celui qu'il n'avait pas invoqué vainement.

(1) Voyant que Clisson songeait à prendre en main la cause du fils de Charles de Blois, Jean IV l'invita à se rendre à Vannes, et s'étant saisi de lui traîtreusement, au château de l'Hermine qu'il faisait bâtir en cette ville, le retint prisonnier. Lorsque Jean V succéda à son père, le petit-fils de Clisson, Olivier de Penthièvre, engagea ce prince à visiter sa mère, la duchesse de Penthièvre, au château de Chantoceaux. Jean accepte l'invitation, mais il n'était pas encore rendu à Chantoceaux que, tombé dans un guet-apens, il devenait le prisonnier de ceux dont bientôt il croyait être l'hôte.

Indignés de cette félonie, les barons de Bretagne assiégèrent la duchesse dans son château, et celle-ci dut enjoindre à son fils de remettre le duc en liberté. Olivier et son frère furent condamnés à avoir la tête tranchée. Olivier se réfugia au pays de Hainaut, dans sa terre d'Avesnes. Son frère perdit les yeux à force de pleurer dans le château de Vannes, où il était retenu captif.

Les vertus d'Yves, nous l'avons vu, lui méritèrent le don des miracles pendant sa vie, et du fond de son tombeau Dieu voulut qu'il commandât encore à la maladie et à la mort.

Les historiens de saint Bernard nous racontent qu'au moment même où son âme quittait ce monde, un moine du couvent de Grandselve le vit en songe lui apparaître.

— Suis-moi! lui dit le saint.

Guillaume lui obéit; mais quand ils furent parvenus au pied du Liban, Bernard ordonna à son compagnon de s'arrêter à cette place.

— Pourquoi, mon père, fit Guillaume, voulez-vous monter sur ces sommets.

— Mon fils, lui répondit Bernard, la pleine lumière n'est point ici; elle est plus haut, plus haut, bien plus haut, la possession de la vérité vivante.

Ayant ainsi parlé, il commença à gravir les escarpements du Liban, et Guillaume entendit retentir à son oreille la parole qui fut dite à saint Jean : Heureux les morts qui meurent dans le Seigneur.

Comme saint Bernard, comme tous ceux qui, aux choses qui passent, préférèrent les choses éternelles, Yves est monté bien au-dessus du Liban, jusqu'à cette région sereine où les âmes heureuses jouissent de la pleine lumière. Son corps, comme celui de tous les hommes, a, pour employer les termes d'une inscription funéraire de la vieille Egypte (1), *abordé la terre qui aime le silence;* mais il a beau être caché dans son tombeau, un nimbe d'honneur couronne encore son nom (2) cher à Dieu et aux hommes.

(1) Cette inscription se lit sur le tombeau de No-ferhotep, à Abd-el-Gournat.

(2) Saint Yves a une église qui lui est consacrée à Rome, et le barreau de cette ville a voulu se placer sous son glorieux patronage.

Rennes. — Imp. Catel.

www.ingramcontent.com/pod-product-compliance
Lightning Source LLC
LaVergne TN
LVHW010807180726
843502LV00011B/4394